Cannabis Rating Journal - Indigo Blue

Kay D Johnson

Copyright © 2018 by Kay D. Johnson

All rights reserved.
No part of this book may be reproduced or transmitted in any form or electronic or mechanical means, including photocopying, recording, or by any information storage and retrieval system, without the written permission of the publisher, except where permitted by law.

Johnson, Kay D
Cannabis Rating Journal - Indigo Blue

ISBN 978-1-989194-06-5 (pkb)

GoMe! Publishing

Cannabis Rating Journal

Date: _____

FINAL RATING: 1 2 3 4 5 6 7 8 9 10

Strain: _____
THC / CBD Levels: _____

Purchase Location: _____
_____

Amount Purchased: _____
Cost: _____

Method of Use: _____
Amount Used: _____
Frequency: _____
_____
_____
_____

Flavour: _____
_____

Colour: _____
_____

Smell: _____
_____

Effects/Results: _____
_____
_____

Extra Notes: _____
_____
_____

Cannabis Rating Journal

Date: _____

FINAL RATING: 1 2 3 4 5 6 7 8 9 10

Strain: _____
THC / CBD Levels: _____

Purchase Location: _____
_____

Amount Purchased: _____
Cost: _____

Method of Use: _____
Amount Used: _____
Frequency: _____
_____
_____
_____

Flavour: _____
_____

Colour: _____
_____

Smell: _____
_____

Effects/Results: _____
_____
_____

Extra Notes: _____
_____
_____

Cannabis Rating Journal

Date: _____

FINAL RATING: 1 2 3 4 5 6 7 8 9 10

Strain: _____
THC / CBD Levels: _____

Purchase Location: _____
_____
_____

Amount Purchased: _____
Cost: _____

Method of Use: _____
Amount Used: _____
Frequency: _____
_____
_____
_____

Flavour: _____
_____

Colour: _____
_____

Smell: _____
_____

Effects/Results: _____
_____
_____

Extra Notes: _____
_____
_____

Cannabis Rating Journal

Date: _____

FINAL RATING: 1 2 3 4 5 6 7 8 9 10

Strain: _____
THC / CBD Levels: _____

Purchase Location: _____
_____

Amount Purchased: _____
Cost: _____

Method of Use: _____
Amount Used: _____
Frequency: _____
_____
_____
_____

Flavour: _____
_____

Colour: _____
_____

Smell: _____
_____

Effects/Results: _____
_____
_____
_____

Extra Notes: _____
_____
_____

Cannabis Rating Journal

Date: _____

FINAL RATING: 1 2 3 4 5 6 7 8 9 10

Strain: _____
THC / CBD Levels: _____

Purchase Location: _____
_____

Amount Purchased: _____
Cost: _____

Method of Use: _____
Amount Used: _____
Frequency: _____
_____
_____
_____

Flavour: _____
_____

Colour: _____
_____

Smell: _____

Effects/Results: _____
_____
_____

Extra Notes: _____
_____
_____

Cannabis Rating Journal

Date: _____

FINAL RATING: 1 2 3 4 5 6 7 8 9 10

Strain: _____
THC / CBD Levels: _____

Purchase Location: _____
_____
_____

Amount Purchased: _____
Cost: _____

Method of Use: _____
Amount Used: _____
Frequency: _____
_____
_____
_____

Flavour: _____
_____

Colour: _____
_____

Smell: _____
_____

Effects/Results: _____
_____
_____
_____

Extra Notes: _____
_____
_____

Cannabis Rating Journal

Date: _____

FINAL RATING: 1 2 3 4 5 6 7 8 9 10

Strain: _____
THC / CBD Levels: _____

Purchase Location: _____
_____
_____

Amount Purchased: _____
Cost: _____

Method of Use: _____
Amount Used: _____
Frequency: _____
_____
_____
_____

Flavour: _____
_____

Colour: _____
_____

Smell: _____
_____

Effects/Results: _____
_____
_____

Extra Notes: _____
_____
_____

Cannabis Rating Journal

Date: _____

FINAL RATING: 1 2 3 4 5 6 7 8 9 10

Strain: _____
THC / CBD Levels: _____

Purchase Location: _____
_____

Amount Purchased: _____
Cost: _____

Method of Use: _____
Amount Used: _____
Frequency: _____
_____
_____
_____

Flavour: _____
_____

Colour: _____
_____

Smell: _____
_____

Effects/Results: _____
_____
_____
_____

Extra Notes: _____
_____
_____

Cannabis Rating Journal

Date: _____

FINAL RATING: 1 2 3 4 5 6 7 8 9 10

Strain: _____
THC / CBD Levels: _____

Purchase Location: _____
_____
_____

Amount Purchased: _____
Cost: _____

Method of Use: _____
Amount Used: _____
Frequency: _____
_____
_____
_____

Flavour: _____
_____

Colour: _____
_____

Smell: _____
_____

Effects/Results: _____
_____
_____
_____

Extra Notes: _____
_____
_____

Cannabis Rating Journal

Date: _____

FINAL RATING: 1 2 3 4 5 6 7 8 9 10

Strain: _____
THC / CBD Levels: _____

Purchase Location: _____
_____

Amount Purchased: _____
Cost: _____

Method of Use: _____
Amount Used: _____
Frequency: _____
_____
_____
_____

Flavour: _____
_____

Colour: _____
_____

Smell: _____
_____

Effects/Results: _____
_____
_____

Extra Notes: _____
_____
_____

Cannabis Rating Journal

Date: _____

FINAL RATING: 1 2 3 4 5 6 7 8 9 10

Strain: _____
THC / CBD Levels: _____

Purchase Location: _____
_____

Amount Purchased: _____
Cost: _____

Method of Use: _____
Amount Used: _____
Frequency: _____
_____
_____
_____

Flavour: _____
_____

Colour: _____
_____

Smell: _____
_____

Effects/Results: _____
_____
_____
_____

Extra Notes: _____
_____
_____

Cannabis Rating Journal

Date: _____

FINAL RATING: 1 2 3 4 5 6 7 8 9 10

Strain: _____
THC / CBD Levels: _____

Purchase Location: _____
_____
_____

Amount Purchased: _____
Cost: _____

Method of Use: _____
Amount Used: _____
Frequency: _____
_____
_____
_____

Flavour: _____
_____

Colour: _____
_____

Smell: _____
_____

Effects/Results: _____
_____
_____
_____

Extra Notes: _____
_____
_____

Cannabis Rating Journal

Date: _____

FINAL RATING: 1 2 3 4 5 6 7 8 9 10

Strain: _____
THC / CBD Levels: _____

Purchase Location: _____
_____

Amount Purchased: _____
Cost: _____

Method of Use: _____
Amount Used: _____
Frequency: _____
_____
_____
_____

Flavour: _____
_____

Colour: _____
_____

Smell: _____
_____

Effects/Results: _____
_____
_____
_____

Extra Notes: _____
_____
_____

Cannabis Rating Journal

Date: _____

FINAL RATING: 1 2 3 4 5 6 7 8 9 10

Strain: _____
THC / CBD Levels: _____

Purchase Location: _____
_____
_____

Amount Purchased: _____
Cost: _____

Method of Use: _____
Amount Used: _____
Frequency: _____
_____
_____
_____

Flavour: _____
_____

Colour: _____
_____

Smell: _____
_____

Effects/Results: _____
_____
_____
_____

Extra Notes: _____
_____
_____

Cannabis Rating Journal

Date: _____

FINAL RATING: 1 2 3 4 5 6 7 8 9 10

Strain: _____
THC / CBD Levels: _____

Purchase Location: _____
_____
_____

Amount Purchased: _____
Cost: _____

Method of Use: _____
Amount Used: _____
Frequency: _____
_____
_____
_____

Flavour: _____
_____

Colour: _____
_____

Smell: _____
_____

Effects/Results: _____
_____
_____
_____

Extra Notes: _____
_____
_____

Cannabis Rating Journal

Date: _____

FINAL RATING: 1 2 3 4 5 6 7 8 9 10

Strain: _____
THC / CBD Levels: _____

Purchase Location: _____
_____

Amount Purchased: _____
Cost: _____

Method of Use: _____
Amount Used: _____
Frequency: _____
_____
_____
_____

Flavour: _____
_____

Colour: _____
_____

Smell: _____
_____

Effects/Results: _____
_____
_____
_____

Extra Notes: _____
_____
_____

Cannabis Rating Journal

Date: _____

FINAL RATING: 1 2 3 4 5 6 7 8 9 10

Strain: _____
THC / CBD Levels: _____

Purchase Location: _____
_____
_____

Amount Purchased: _____
Cost: _____

Method of Use: _____
Amount Used: _____
Frequency: _____
_____
_____
_____

Flavour: _____
_____

Colour: _____
_____

Smell: _____
_____

Effects/Results: _____
_____
_____
_____

Extra Notes: _____
_____
_____

Cannabis Rating Journal

Date: _____

FINAL RATING: 1 2 3 4 5 6 7 8 9 10

Strain: _____
THC / CBD Levels: _____

Purchase Location: _____
_____

Amount Purchased: _____
Cost: _____

Method of Use: _____
Amount Used: _____
Frequency: _____
_____
_____
_____

Flavour: _____
_____

Colour: _____
_____

Smell: _____
_____

Effects/Results: _____
_____
_____
_____

Extra Notes: _____
_____
_____

Cannabis Rating Journal

Date: _____

FINAL RATING: 1 2 3 4 5 6 7 8 9 10

Strain: _____
THC / CBD Levels: _____

Purchase Location: _____
_____

Amount Purchased: _____
Cost: _____

Method of Use: _____
Amount Used: _____
Frequency: _____
_____
_____
_____

Flavour: _____
_____

Colour: _____
_____

Smell: _____
_____

Effects/Results: _____
_____
_____

Extra Notes: _____
_____
_____

Cannabis Rating Journal

Date: _____

FINAL RATING: 1 2 3 4 5 6 7 8 9 10

Strain: _____
THC / CBD Levels: _____

Purchase Location: _____
_____
_____

Amount Purchased: _____
Cost: _____

Method of Use: _____
Amount Used: _____
Frequency: _____
_____
_____
_____

Flavour: _____
_____

Colour: _____
_____

Smell: _____
_____

Effects/Results: _____
_____
_____
_____

Extra Notes: _____
_____
_____

Cannabis Rating Journal

Date: _____

FINAL RATING: 1 2 3 4 5 6 7 8 9 10

Strain: _____
THC / CBD Levels: _____

Purchase Location: _____
_____
_____

Amount Purchased: _____
Cost: _____

Method of Use: _____
Amount Used: _____
Frequency: _____
_____
_____
_____

Flavour: _____
_____

Colour: _____
_____

Smell: _____
_____

Effects/Results: _____
_____
_____
_____

Extra Notes: _____
_____
_____

Cannabis Rating Journal

Date: _____

FINAL RATING: 1 2 3 4 5 6 7 8 9 10

Strain: _____
THC / CBD Levels: _____

Purchase Location: _____
_____

Amount Purchased: _____
Cost: _____

Method of Use: _____
Amount Used: _____
Frequency: _____
_____
_____
_____

Flavour: _____
_____

Colour: _____
_____

Smell: _____
_____

Effects/Results: _____
_____
_____
_____

Extra Notes: _____
_____
_____

Cannabis Rating Journal

Date: _____

FINAL RATING: 1 2 3 4 5 6 7 8 9 10

Strain: _____
THC / CBD Levels: _____

Purchase Location: _____
_____

Amount Purchased: _____
Cost: _____

Method of Use: _____
Amount Used: _____
Frequency: _____
_____
_____
_____

Flavour: _____
_____

Colour: _____
_____

Smell: _____
_____

Effects/Results: _____
_____
_____

Extra Notes: _____
_____
_____

Cannabis Rating Journal

Date: _____

FINAL RATING: 1 2 3 4 5 6 7 8 9 10

Strain: _____
THC / CBD Levels: _____

Purchase Location: _____
_____

Amount Purchased: _____
Cost: _____

Method of Use: _____
Amount Used: _____
Frequency: _____
_____
_____
_____

Flavour: _____

Colour: _____

Smell: _____

Effects/Results: _____
_____
_____

Extra Notes: _____
_____
_____

Cannabis Rating Journal

Date: _____

FINAL RATING: 1 2 3 4 5 6 7 8 9 10

Strain: _____
THC / CBD Levels: _____

Purchase Location: _____
_____

Amount Purchased: _____
Cost: _____

Method of Use: _____
Amount Used: _____
Frequency: _____
_____
_____
_____

Flavour: _____
_____

Colour: _____
_____

Smell: _____
_____

Effects/Results: _____
_____
_____

Extra Notes: _____
_____
_____

Cannabis Rating Journal

Date: _____

FINAL RATING: 1 2 3 4 5 6 7 8 9 10

Strain: _____
THC / CBD Levels: _____

Purchase Location: _____
_____

Amount Purchased: _____
Cost: _____

Method of Use: _____
Amount Used: _____
Frequency: _____
_____
_____
_____

Flavour: _____

Colour: _____

Smell: _____

Effects/Results: _____
_____
_____

Extra Notes: _____
_____
_____

Cannabis Rating Journal

Date: _____

FINAL RATING: 1 2 3 4 5 6 7 8 9 10

Strain: _____
THC / CBD Levels: _____

Purchase Location: _____
_____

Amount Purchased: _____
Cost: _____

Method of Use: _____
Amount Used: _____
Frequency: _____
_____
_____
_____

Flavour: _____
_____

Colour: _____
_____

Smell: _____
_____

Effects/Results: _____
_____
_____

Extra Notes: _____
_____
_____

Cannabis Rating Journal

Date: _____

FINAL RATING: 1 2 3 4 5 6 7 8 9 10

Strain: _____
THC / CBD Levels: _____

Purchase Location: _____
_____

Amount Purchased: _____
Cost: _____

Method of Use: _____
Amount Used: _____
Frequency: _____
_____
_____

Flavour: _____
_____

Colour: _____
_____

Smell: _____
_____

Effects/Results: _____
_____
_____

Extra Notes: _____
_____
_____

Cannabis Rating Journal

Date: _____

FINAL RATING: 1 2 3 4 5 6 7 8 9 10

Strain: _____
THC / CBD Levels: _____

Purchase Location: _____
_____

Amount Purchased: _____
Cost: _____

Method of Use: _____
Amount Used: _____
Frequency: _____
_____
_____

Flavour: _____

Colour: _____

Smell: _____

Effects/Results: _____
_____
_____

Extra Notes: _____
_____
_____

Cannabis Rating Journal

Date: _____

FINAL RATING: 1 2 3 4 5 6 7 8 9 10

Strain: _____
THC / CBD Levels: _____

Purchase Location: _____
_____
_____

Amount Purchased: _____
Cost: _____

Method of Use: _____
Amount Used: _____
Frequency: _____
_____
_____
_____

Flavour: _____
_____

Colour: _____
_____

Smell: _____
_____

Effects/Results: _____
_____
_____
_____

Extra Notes: _____
_____
_____

Cannabis Rating Journal

Date: _____

FINAL RATING: 1 2 3 4 5 6 7 8 9 10

Strain: _____
THC / CBD Levels: _____

Purchase Location: _____
_____

Amount Purchased: _____
Cost: _____

Method of Use: _____
Amount Used: _____
Frequency: _____
_____
_____
_____

Flavour: _____
_____

Colour: _____
_____

Smell: _____
_____

Effects/Results: _____
_____
_____
_____

Extra Notes: _____
_____
_____

Cannabis Rating Journal

Date: _____

FINAL RATING: 1 2 3 4 5 6 7 8 9 10

Strain: _____
THC / CBD Levels: _____

Purchase Location: _____
_____

Amount Purchased: _____
Cost: _____

Method of Use: _____
Amount Used: _____
Frequency: _____
_____
_____
_____

Flavour: _____
_____

Colour: _____
_____

Smell: _____
_____

Effects/Results: _____
_____
_____

Extra Notes: _____
_____
_____

Cannabis Rating Journal

Date: _____

FINAL RATING: 1 2 3 4 5 6 7 8 9 10

Strain: _____
THC / CBD Levels: _____

Purchase Location: _____
_____
_____

Amount Purchased: _____
Cost: _____

Method of Use: _____
Amount Used: _____
Frequency: _____
_____
_____
_____

Flavour: _____
_____

Colour: _____
_____

Smell: _____
_____

Effects/Results: _____
_____
_____

Extra Notes: _____
_____
_____

Cannabis Rating Journal

Date: _____

FINAL RATING: 1 2 3 4 5 6 7 8 9 10

Strain: _____
THC / CBD Levels: _____

Purchase Location: _____
_____

Amount Purchased: _____
Cost: _____

Method of Use: _____
Amount Used: _____
Frequency: _____
_____
_____
_____

Flavour: _____
_____

Colour: _____
_____

Smell: _____
_____

Effects/Results: _____
_____
_____

Extra Notes: _____
_____
_____

Cannabis Rating Journal

Date: _____

FINAL RATING: 1 2 3 4 5 6 7 8 9 10

Strain: _____
THC / CBD Levels: _____

Purchase Location: _____
_____

Amount Purchased: _____
Cost: _____

Method of Use: _____
Amount Used: _____
Frequency: _____
_____
_____
_____

Flavour: _____
_____

Colour: _____
_____

Smell: _____
_____

Effects/Results: _____
_____
_____

Extra Notes: _____
_____
_____

Cannabis Rating Journal

Date: _____

FINAL RATING: 1 2 3 4 5 6 7 8 9 10

Strain: _____
THC / CBD Levels: _____

Purchase Location: _____
_____

Amount Purchased: _____
Cost: _____

Method of Use: _____
Amount Used: _____
Frequency: _____
_____
_____
_____

Flavour: _____

Colour: _____

Smell: _____

Effects/Results: _____
_____
_____

Extra Notes: _____
_____
_____

Cannabis Rating Journal

Date: _____

FINAL RATING: 1 2 3 4 5 6 7 8 9 10

Strain: _____
THC / CBD Levels: _____

Purchase Location: _____
_____

Amount Purchased: _____
Cost: _____

Method of Use: _____
Amount Used: _____
Frequency: _____
_____
_____
_____

Flavour: _____
_____

Colour: _____
_____

Smell: _____
_____

Effects/Results: _____
_____
_____
_____

Extra Notes: _____
_____
_____

Cannabis Rating Journal

Date: _____

FINAL RATING: 1 2 3 4 5 6 7 8 9 10

Strain: _____
THC / CBD Levels: _____

Purchase Location: _____
_____

Amount Purchased: _____
Cost: _____

Method of Use: _____
Amount Used: _____
Frequency: _____
_____
_____
_____

Flavour: _____
_____

Colour: _____
_____

Smell: _____
_____

Effects/Results: _____
_____
_____

Extra Notes: _____
_____
_____

Cannabis Rating Journal

Date: _____

FINAL RATING: 1 2 3 4 5 6 7 8 9 10

Strain: _____
THC / CBD Levels: _____

Purchase Location: _____
_____

Amount Purchased: _____
Cost: _____

Method of Use: _____
Amount Used: _____
Frequency: _____
_____
_____
_____

Flavour: _____
_____

Colour: _____
_____

Smell: _____
_____

Effects/Results: _____
_____
_____

Extra Notes: _____
_____
_____

Cannabis Rating Journal

Date: _____

FINAL RATING: 1 2 3 4 5 6 7 8 9 10

Strain: _____
THC / CBD Levels: _____

Purchase Location: _____
_____

Amount Purchased: _____
Cost: _____

Method of Use: _____
Amount Used: _____
Frequency: _____
_____
_____
_____

Flavour: _____

Colour: _____

Smell: _____

Effects/Results: _____
_____
_____

Extra Notes: _____
_____
_____

Cannabis Rating Journal

Date: _____

FINAL RATING: 1 2 3 4 5 6 7 8 9 10

Strain: _____
THC / CBD Levels: _____

Purchase Location: _____
_____
_____

Amount Purchased: _____
Cost: _____

Method of Use: _____
Amount Used: _____
Frequency: _____
_____
_____
_____

Flavour: _____
_____

Colour: _____
_____

Smell: _____
_____

Effects/Results: _____
_____
_____
_____

Extra Notes: _____
_____
_____

Cannabis Rating Journal

Date: _____

FINAL RATING: 1 2 3 4 5 6 7 8 9 10

Strain: _____
THC / CBD Levels: _____

Purchase Location: _____
_____
_____

Amount Purchased: _____
Cost: _____

Method of Use: _____
Amount Used: _____
Frequency: _____
_____
_____
_____

Flavour: _____
_____

Colour: _____
_____

Smell: _____
_____

Effects/Results: _____
_____
_____
_____

Extra Notes: _____
_____
_____

Cannabis Rating Journal

Date: _____

FINAL RATING: 1 2 3 4 5 6 7 8 9 10

Strain: _____
THC / CBD Levels: _____

Purchase Location: _____
_____

Amount Purchased: _____
Cost: _____

Method of Use: _____
Amount Used: _____
Frequency: _____
_____
_____
_____

Flavour: _____
_____

Colour: _____
_____

Smell: _____
_____

Effects/Results: _____
_____
_____
_____

Extra Notes: _____
_____
_____

Cannabis Rating Journal

Date: _____

FINAL RATING: 1 2 3 4 5 6 7 8 9 10

Strain: _____
THC / CBD Levels: _____

Purchase Location: _____
_____

Amount Purchased: _____
Cost: _____

Method of Use: _____
Amount Used: _____
Frequency: _____
_____
_____
_____

Flavour: _____
_____

Colour: _____
_____

Smell: _____
_____

Effects/Results: _____
_____
_____

Extra Notes: _____
_____
_____

Cannabis Rating Journal

Date: _____

FINAL RATING: 1 2 3 4 5 6 7 8 9 10

Strain: _____
THC / CBD Levels: _____

Purchase Location: _____
_____

Amount Purchased: _____
Cost: _____

Method of Use: _____
Amount Used: _____
Frequency: _____
_____
_____
_____

Flavour: _____
_____

Colour: _____
_____

Smell: _____
_____

Effects/Results: _____
_____
_____

Extra Notes: _____
_____
_____

Cannabis Rating Journal

Date: _____

FINAL RATING: 1 2 3 4 5 6 7 8 9 10

Strain: _____
THC / CBD Levels: _____

Purchase Location: _____
_____

Amount Purchased: _____
Cost: _____

Method of Use: _____
Amount Used: _____
Frequency: _____
_____
_____
_____

Flavour: _____
_____

Colour: _____
_____

Smell: _____
_____

Effects/Results: _____
_____
_____
_____

Extra Notes: _____
_____
_____

Cannabis Rating Journal

Date: _____

FINAL RATING: 1 2 3 4 5 6 7 8 9 10

Strain: _____
THC / CBD Levels: _____

Purchase Location: _____
_____

Amount Purchased: _____
Cost: _____

Method of Use: _____
Amount Used: _____
Frequency: _____
_____
_____
_____

Flavour: _____
_____

Colour: _____
_____

Smell: _____
_____

Effects/Results: _____
_____
_____
_____

Extra Notes: _____
_____
_____

Cannabis Rating Journal

Date: _____

FINAL RATING: 1 2 3 4 5 6 7 8 9 10

Strain: _____
THC / CBD Levels: _____

Purchase Location: _____
_____

Amount Purchased: _____
Cost: _____

Method of Use: _____
Amount Used: _____
Frequency: _____
_____
_____
_____

Flavour: _____
_____

Colour: _____
_____

Smell: _____
_____

Effects/Results: _____
_____
_____
_____

Extra Notes: _____
_____
_____

Cannabis Rating Journal

Date: _____

FINAL RATING: 1 2 3 4 5 6 7 8 9 10

Strain: _____
THC / CBD Levels: _____

Purchase Location: _____
_____

Amount Purchased: _____
Cost: _____

Method of Use: _____
Amount Used: _____
Frequency: _____
_____
_____
_____

Flavour: _____
_____

Colour: _____
_____

Smell: _____
_____

Effects/Results: _____
_____
_____

Extra Notes: _____
_____
_____

Cannabis Rating Journal

Date: _____

FINAL RATING: 1 2 3 4 5 6 7 8 9 10

Strain: _____
THC / CBD Levels: _____

Purchase Location: _____
_____

Amount Purchased: _____
Cost: _____

Method of Use: _____
Amount Used: _____
Frequency: _____
_____
_____

Flavour: _____

Colour: _____

Smell: _____

Effects/Results: _____
_____
_____

Extra Notes: _____
_____
_____

Cannabis Rating Journal

Date: _____

FINAL RATING: 1 2 3 4 5 6 7 8 9 10

Strain: _____
THC / CBD Levels: _____

Purchase Location: _____
_____

Amount Purchased: _____
Cost: _____

Method of Use: _____
Amount Used: _____
Frequency: _____
_____
_____
_____

Flavour: _____
_____

Colour: _____
_____

Smell: _____
_____

Effects/Results: _____
_____
_____
_____

Extra Notes: _____
_____
_____

Cannabis Rating Journal

Date: _____

FINAL RATING: 1 2 3 4 5 6 7 8 9 10

Strain: _____
THC / CBD Levels: _____

Purchase Location: _____
_____

Amount Purchased: _____
Cost: _____

Method of Use: _____
Amount Used: _____
Frequency: _____
_____
_____

Flavour: _____

Colour: _____

Smell: _____

Effects/Results: _____
_____
_____

Extra Notes: _____
_____
_____

Cannabis Rating Journal

Date: _____

FINAL RATING: 1 2 3 4 5 6 7 8 9 10

Strain: _____
THC / CBD Levels: _____

Purchase Location: _____
_____
_____

Amount Purchased: _____
Cost: _____

Method of Use: _____
Amount Used: _____
Frequency: _____
_____
_____
_____

Flavour: _____
_____

Colour: _____
_____

Smell: _____
_____

Effects/Results: _____
_____
_____
_____

Extra Notes: _____
_____
_____

Cannabis Rating Journal

Date: _____

FINAL RATING: 1 2 3 4 5 6 7 8 9 10

Strain: _____
THC / CBD Levels: _____

Purchase Location: _____
_____

Amount Purchased: _____
Cost: _____

Method of Use: _____
Amount Used: _____
Frequency: _____
_____
_____
_____

Flavour: _____

Colour: _____

Smell: _____

Effects/Results: _____
_____
_____

Extra Notes: _____
_____
_____

Cannabis Rating Journal

Date: _____

FINAL RATING: 1 2 3 4 5 6 7 8 9 10

Strain: _____
THC / CBD Levels: _____

Purchase Location: _____
_____

Amount Purchased: _____
Cost: _____

Method of Use: _____
Amount Used: _____
Frequency: _____
_____
_____
_____

Flavour: _____
_____

Colour: _____
_____

Smell: _____
_____

Effects/Results: _____
_____
_____
_____

Extra Notes: _____
_____
_____

Cannabis Rating Journal

Date: _____

FINAL RATING: 1 2 3 4 5 6 7 8 9 10

Strain: _____
THC / CBD Levels: _____

Purchase Location: _____
_____

Amount Purchased: _____
Cost: _____

Method of Use: _____
Amount Used: _____
Frequency: _____
_____
_____
_____

Flavour: _____
_____

Colour: _____
_____

Smell: _____
_____

Effects/Results: _____
_____
_____

Extra Notes: _____
_____
_____

Cannabis Rating Journal

Date: _____

FINAL RATING: 1 2 3 4 5 6 7 8 9 10

Strain: _____
THC / CBD Levels: _____

Purchase Location: _____
_____

Amount Purchased: _____
Cost: _____

Method of Use: _____
Amount Used: _____
Frequency: _____
_____
_____
_____

Flavour: _____
_____

Colour: _____
_____

Smell: _____
_____

Effects/Results: _____
_____
_____

Extra Notes: _____
_____
_____

Cannabis Rating Journal

Date: _____

FINAL RATING: 1 2 3 4 5 6 7 8 9 10

Strain: _____
THC / CBD Levels: _____

Purchase Location: _____
_____

Amount Purchased: _____
Cost: _____

Method of Use: _____
Amount Used: _____
Frequency: _____
_____
_____
_____

Flavour: _____
_____

Colour: _____
_____

Smell: _____
_____

Effects/Results: _____
_____
_____
_____

Extra Notes: _____
_____
_____

Cannabis Rating Journal

Date: _____

FINAL RATING: 1 2 3 4 5 6 7 8 9 10

Strain: _____
THC / CBD Levels: _____

Purchase Location: _____
_____

Amount Purchased: _____
Cost: _____

Method of Use: _____
Amount Used: _____
Frequency: _____
_____
_____

Flavour: _____
_____

Colour: _____
_____

Smell: _____
_____

Effects/Results: _____
_____
_____

Extra Notes: _____
_____
_____

Cannabis Rating Journal

Date: _____

FINAL RATING: 1 2 3 4 5 6 7 8 9 10

Strain: _____
THC / CBD Levels: _____

Purchase Location: _____
_____
_____

Amount Purchased: _____
Cost: _____

Method of Use: _____
Amount Used: _____
Frequency: _____
_____
_____
_____

Flavour: _____
_____

Colour: _____
_____

Smell: _____
_____

Effects/Results: _____
_____
_____
_____

Extra Notes: _____
_____
_____

Cannabis Rating Journal

Date: _____

FINAL RATING: 1 2 3 4 5 6 7 8 9 10

Strain: _____
THC / CBD Levels: _____

Purchase Location: _____
_____

Amount Purchased: _____
Cost: _____

Method of Use: _____
Amount Used: _____
Frequency: _____
_____
_____

Flavour: _____

Colour: _____

Smell: _____

Effects/Results: _____
_____
_____

Extra Notes: _____
_____
_____

Cannabis Rating Journal

Date: _____

FINAL RATING: 1 2 3 4 5 6 7 8 9 10

Strain: _____
THC / CBD Levels: _____

Purchase Location: _____
_____

Amount Purchased: _____
Cost: _____

Method of Use: _____
Amount Used: _____
Frequency: _____
_____
_____
_____

Flavour: _____
_____

Colour: _____
_____

Smell: _____
_____

Effects/Results: _____
_____
_____
_____

Extra Notes: _____
_____
_____

Cannabis Rating Journal

Date: _____

FINAL RATING: 1 2 3 4 5 6 7 8 9 10

Strain: _____
THC / CBD Levels: _____

Purchase Location: _____
_____
_____

Amount Purchased: _____
Cost: _____

Method of Use: _____
Amount Used: _____
Frequency: _____
_____
_____
_____

Flavour: _____
_____

Colour: _____
_____

Smell: _____
_____

Effects/Results: _____
_____
_____
_____

Extra Notes: _____
_____
_____

Cannabis Rating Journal

Date: _____

FINAL RATING: 1 2 3 4 5 6 7 8 9 10

Strain: _____
THC / CBD Levels: _____

Purchase Location: _____
_____

Amount Purchased: _____
Cost: _____

Method of Use: _____
Amount Used: _____
Frequency: _____
_____
_____
_____

Flavour: _____
_____

Colour: _____
_____

Smell: _____
_____

Effects/Results: _____
_____
_____
_____

Extra Notes: _____
_____
_____

Cannabis Rating Journal

Date: _____

FINAL RATING: 1 2 3 4 5 6 7 8 9 10

Strain: _____
THC / CBD Levels: _____

Purchase Location: _____
_____

Amount Purchased: _____
Cost: _____

Method of Use: _____
Amount Used: _____
Frequency: _____
_____
_____
_____

Flavour: _____
_____

Colour: _____
_____

Smell: _____
_____

Effects/Results: _____
_____
_____
_____

Extra Notes: _____
_____
_____

Cannabis Rating Journal

Date: _____

FINAL RATING: 1 2 3 4 5 6 7 8 9 10

Strain: _____
THC / CBD Levels: _____

Purchase Location: _____
_____

Amount Purchased: _____
Cost: _____

Method of Use: _____
Amount Used: _____
Frequency: _____
_____
_____

Flavour: _____
_____

Colour: _____
_____

Smell: _____
_____

Effects/Results: _____
_____
_____

Extra Notes: _____
_____
_____

Cannabis Rating Journal

Date: _____

FINAL RATING: 1 2 3 4 5 6 7 8 9 10

Strain: _____
THC / CBD Levels: _____

Purchase Location: _____
_____

Amount Purchased: _____
Cost: _____

Method of Use: _____
Amount Used: _____
Frequency: _____
_____
_____
_____

Flavour: _____
_____

Colour: _____
_____

Smell: _____
_____

Effects/Results: _____
_____
_____

Extra Notes: _____
_____
_____

Cannabis Rating Journal

Date: _____

FINAL RATING: 1 2 3 4 5 6 7 8 9 10

Strain: _____
THC / CBD Levels: _____

Purchase Location: _____
_____

Amount Purchased: _____
Cost: _____

Method of Use: _____
Amount Used: _____
Frequency: _____
_____
_____
_____

Flavour: _____
_____

Colour: _____
_____

Smell: _____
_____

Effects/Results: _____
_____
_____

Extra Notes: _____
_____
_____

Cannabis Rating Journal

Date: _____

FINAL RATING: 1 2 3 4 5 6 7 8 9 10

Strain: _____
THC / CBD Levels: _____

Purchase Location: _____
_____

Amount Purchased: _____
Cost: _____

Method of Use: _____
Amount Used: _____
Frequency: _____
_____
_____
_____

Flavour: _____
_____

Colour: _____
_____

Smell: _____
_____

Effects/Results: _____
_____
_____
_____

Extra Notes: _____
_____
_____

Cannabis Rating Journal

Date: _____

FINAL RATING: 1 2 3 4 5 6 7 8 9 10

Strain: _____
THC / CBD Levels: _____

Purchase Location: _____
_____

Amount Purchased: _____
Cost: _____

Method of Use: _____
Amount Used: _____
Frequency: _____
_____
_____
_____

Flavour: _____
_____

Colour: _____
_____

Smell: _____
_____

Effects/Results: _____
_____
_____

Extra Notes: _____
_____
_____

Cannabis Rating Journal

Date: _____

FINAL RATING: 1 2 3 4 5 6 7 8 9 10

Strain: _____
THC / CBD Levels: _____

Purchase Location: _____
_____

Amount Purchased: _____
Cost: _____

Method of Use: _____
Amount Used: _____
Frequency: _____
_____
_____
_____

Flavour: _____
_____

Colour: _____
_____

Smell: _____
_____

Effects/Results: _____
_____
_____
_____

Extra Notes: _____
_____
_____

Cannabis Rating Journal

Date: _____

FINAL RATING: 1 2 3 4 5 6 7 8 9 10

Strain: _____
THC / CBD Levels: _____

Purchase Location: _____
_____

Amount Purchased: _____
Cost: _____

Method of Use: _____
Amount Used: _____
Frequency: _____
_____
_____
_____

Flavour: _____
_____

Colour: _____
_____

Smell: _____
_____

Effects/Results: _____
_____
_____

Extra Notes: _____
_____
_____

Cannabis Rating Journal

Date: _____

FINAL RATING: 1 2 3 4 5 6 7 8 9 10

Strain: _____
THC / CBD Levels: _____

Purchase Location: _____
_____

Amount Purchased: _____
Cost: _____

Method of Use: _____
Amount Used: _____
Frequency: _____
_____
_____
_____

Flavour: _____
_____

Colour: _____
_____

Smell: _____
_____

Effects/Results: _____
_____
_____

Extra Notes: _____
_____
_____

Cannabis Rating Journal

Date: _____

FINAL RATING: 1 2 3 4 5 6 7 8 9 10

Strain: _____
THC / CBD Levels: _____

Purchase Location: _____
_____

Amount Purchased: _____
Cost: _____

Method of Use: _____
Amount Used: _____
Frequency: _____
_____
_____
_____

Flavour: _____
_____

Colour: _____
_____

Smell: _____
_____

Effects/Results: _____
_____
_____

Extra Notes: _____
_____
_____

Cannabis Rating Journal

Date: _____

FINAL RATING: 1 2 3 4 5 6 7 8 9 10

Strain: _____
THC / CBD Levels: _____

Purchase Location: _____
_____

Amount Purchased: _____
Cost: _____

Method of Use: _____
Amount Used: _____
Frequency: _____
_____
_____
_____

Flavour: _____
_____

Colour: _____
_____

Smell: _____
_____

Effects/Results: _____
_____
_____
_____

Extra Notes: _____
_____
_____

Cannabis Rating Journal

Date: _____

FINAL RATING: 1 2 3 4 5 6 7 8 9 10

Strain: _____
THC / CBD Levels: _____

Purchase Location: _____
_____

Amount Purchased: _____
Cost: _____

Method of Use: _____
Amount Used: _____
Frequency: _____
_____
_____
_____

Flavour: _____
_____

Colour: _____
_____

Smell: _____
_____

Effects/Results: _____
_____
_____

Extra Notes: _____
_____
_____

Cannabis Rating Journal

Date: _____

FINAL RATING: 1 2 3 4 5 6 7 8 9 10

Strain: _____
THC / CBD Levels: _____

Purchase Location: _____
_____

Amount Purchased: _____
Cost: _____

Method of Use: _____
Amount Used: _____
Frequency: _____
_____
_____
_____

Flavour: _____
_____

Colour: _____
_____

Smell: _____
_____

Effects/Results: _____
_____
_____
_____

Extra Notes: _____
_____
_____

Cannabis Rating Journal

Date: _____

FINAL RATING: 1 2 3 4 5 6 7 8 9 10

Strain: _____
THC / CBD Levels: _____

Purchase Location: _____
_____

Amount Purchased: _____
Cost: _____

Method of Use: _____
Amount Used: _____
Frequency: _____
_____
_____
_____

Flavour: _____
_____

Colour: _____
_____

Smell: _____
_____

Effects/Results: _____
_____
_____
_____

Extra Notes: _____
_____
_____

Cannabis Rating Journal

Date: _____

FINAL RATING: 1 2 3 4 5 6 7 8 9 10

Strain: _____
THC / CBD Levels: _____

Purchase Location: _____
_____

Amount Purchased: _____
Cost: _____

Method of Use: _____
Amount Used: _____
Frequency: _____
_____
_____
_____

Flavour: _____
_____

Colour: _____
_____

Smell: _____
_____

Effects/Results: _____
_____
_____
_____

Extra Notes: _____
_____
_____

Cannabis Rating Journal

Date: _____

FINAL RATING: 1 2 3 4 5 6 7 8 9 10

Strain: _____
THC / CBD Levels: _____

Purchase Location: _____
_____

Amount Purchased: _____
Cost: _____

Method of Use: _____
Amount Used: _____
Frequency: _____
_____
_____
_____

Flavour: _____
_____

Colour: _____
_____

Smell: _____
_____

Effects/Results: _____
_____
_____
_____

Extra Notes: _____
_____
_____

Cannabis Rating Journal

Date: _____

FINAL RATING: 1 2 3 4 5 6 7 8 9 10

Strain: _____
THC / CBD Levels: _____

Purchase Location: _____
_____

Amount Purchased: _____
Cost: _____

Method of Use: _____
Amount Used: _____
Frequency: _____
_____
_____
_____

Flavour: _____
_____

Colour: _____
_____

Smell: _____
_____

Effects/Results: _____
_____
_____

Extra Notes: _____
_____
_____

Cannabis Rating Journal

Date: _____

FINAL RATING: 1 2 3 4 5 6 7 8 9 10

Strain: _____
THC / CBD Levels: _____

Purchase Location: _____
_____

Amount Purchased: _____
Cost: _____

Method of Use: _____
Amount Used: _____
Frequency: _____
_____
_____
_____

Flavour: _____
_____

Colour: _____
_____

Smell: _____
_____

Effects/Results: _____
_____
_____

Extra Notes: _____
_____
_____

Cannabis Rating Journal

Date: _____

FINAL RATING: 1   2   3   4   5   6   7   8   9   10

Strain: _____
THC / CBD Levels: _____

Purchase Location: _____
_____
_____

Amount Purchased: _____
Cost: _____

Method of Use: _____
Amount Used: _____
Frequency: _____
_____
_____
_____

Flavour: _____
_____

Colour: _____
_____

Smell: _____
_____

Effects/Results: _____
_____
_____
_____

Extra Notes: _____
_____
_____

Cannabis Rating Journal

Date: _____

FINAL RATING: 1 2 3 4 5 6 7 8 9 10

Strain: _____
THC / CBD Levels: _____

Purchase Location: _____
_____
_____

Amount Purchased: _____
Cost: _____

Method of Use: _____
Amount Used: _____
Frequency: _____
_____
_____
_____

Flavour: _____
_____

Colour: _____
_____

Smell: _____
_____

Effects/Results: _____
_____
_____

Extra Notes: _____
_____
_____

Cannabis Rating Journal

Date: _____

FINAL RATING: 1 2 3 4 5 6 7 8 9 10

Strain: _____
THC / CBD Levels: _____

Purchase Location: _____
_____

Amount Purchased: _____
Cost: _____

Method of Use: _____
Amount Used: _____
Frequency: _____
_____
_____
_____

Flavour: _____
_____

Colour: _____
_____

Smell: _____
_____

Effects/Results: _____
_____
_____

Extra Notes: _____
_____
_____

Cannabis Rating Journal

Date: _____

FINAL RATING: 1 2 3 4 5 6 7 8 9 10

Strain: _____
THC / CBD Levels: _____

Purchase Location: _____
_____

Amount Purchased: _____
Cost: _____

Method of Use: _____
Amount Used: _____
Frequency: _____
_____
_____
_____

Flavour: _____
_____

Colour: _____
_____

Smell: _____
_____

Effects/Results: _____
_____
_____

Extra Notes: _____
_____
_____

Cannabis Rating Journal

Date: _____

FINAL RATING: 1 2 3 4 5 6 7 8 9 10

Strain: _____
THC / CBD Levels: _____

Purchase Location: _____
_____

Amount Purchased: _____
Cost: _____

Method of Use: _____
Amount Used: _____
Frequency: _____
_____
_____
_____

Flavour: _____
_____

Colour: _____
_____

Smell: _____
_____

Effects/Results: _____
_____
_____
_____

Extra Notes: _____
_____
_____

Cannabis Rating Journal

Date: _____

FINAL RATING: 1 2 3 4 5 6 7 8 9 10

Strain: _____
THC / CBD Levels: _____

Purchase Location: _____
_____
_____

Amount Purchased: _____
Cost: _____

Method of Use: _____
Amount Used: _____
Frequency: _____
_____
_____
_____

Flavour: _____
_____

Colour: _____
_____

Smell: _____
_____

Effects/Results: _____
_____
_____
_____

Extra Notes: _____
_____
_____

Cannabis Rating Journal

Date: _____

FINAL RATING: 1 2 3 4 5 6 7 8 9 10

Strain: _____
THC / CBD Levels: _____

Purchase Location: _____
_____

Amount Purchased: _____
Cost: _____

Method of Use: _____
Amount Used: _____
Frequency: _____
_____
_____
_____

Flavour: _____
_____

Colour: _____
_____

Smell: _____
_____

Effects/Results: _____
_____
_____
_____

Extra Notes: _____
_____
_____

Cannabis Rating Journal

Date: _____

FINAL RATING: 1 2 3 4 5 6 7 8 9 10

Strain: _____
THC / CBD Levels: _____

Purchase Location: _____
_____
_____

Amount Purchased: _____
Cost: _____

Method of Use: _____
Amount Used: _____
Frequency: _____
_____
_____
_____

Flavour: _____
_____

Colour: _____
_____

Smell: _____
_____

Effects/Results: _____
_____
_____
_____

Extra Notes: _____
_____
_____

Cannabis Rating Journal

Date: _____

FINAL RATING: 1 2 3 4 5 6 7 8 9 10

Strain: _____
THC / CBD Levels: _____

Purchase Location: _____
_____

Amount Purchased: _____
Cost: _____

Method of Use: _____
Amount Used: _____
Frequency: _____
_____
_____
_____

Flavour: _____
_____

Colour: _____
_____

Smell: _____
_____

Effects/Results: _____
_____
_____

Extra Notes: _____
_____
_____

Cannabis Rating Journal

Date: _____

FINAL RATING: 1 2 3 4 5 6 7 8 9 10

Strain: _____
THC / CBD Levels: _____

Purchase Location: _____
_____

Amount Purchased: _____
Cost: _____

Method of Use: _____
Amount Used: _____
Frequency: _____
_____
_____
_____

Flavour: _____
_____

Colour: _____
_____

Smell: _____
_____

Effects/Results: _____
_____
_____

Extra Notes: _____
_____
_____

Cannabis Rating Journal

Date: _____

FINAL RATING: 1 2 3 4 5 6 7 8 9 10

Strain: _____
THC / CBD Levels: _____

Purchase Location: _____
_____

Amount Purchased: _____
Cost: _____

Method of Use: _____
Amount Used: _____
Frequency: _____
_____
_____
_____

Flavour: _____
_____

Colour: _____
_____

Smell: _____
_____

Effects/Results: _____
_____
_____

Extra Notes: _____
_____
_____

Cannabis Rating Journal

Date: _____

FINAL RATING: 1 2 3 4 5 6 7 8 9 10

Strain: _____
THC / CBD Levels: _____

Purchase Location: _____
_____

Amount Purchased: _____
Cost: _____

Method of Use: _____
Amount Used: _____
Frequency: _____
_____
_____
_____

Flavour: _____
_____

Colour: _____
_____

Smell: _____
_____

Effects/Results: _____
_____
_____
_____

Extra Notes: _____
_____
_____

Cannabis Rating Journal

Date: _____

FINAL RATING: 1 2 3 4 5 6 7 8 9 10

Strain: _____
THC / CBD Levels: _____

Purchase Location: _____
_____

Amount Purchased: _____
Cost: _____

Method of Use: _____
Amount Used: _____
Frequency: _____
_____
_____
_____

Flavour: _____
_____

Colour: _____
_____

Smell: _____
_____

Effects/Results: _____
_____
_____

Extra Notes: _____
_____
_____

Cannabis Rating Journal

Date: _____

FINAL RATING: 1 2 3 4 5 6 7 8 9 10

Strain: _____
THC / CBD Levels: _____

Purchase Location: _____
_____

Amount Purchased: _____
Cost: _____

Method of Use: _____
Amount Used: _____
Frequency: _____
_____
_____
_____

Flavour: _____
_____

Colour: _____
_____

Smell: _____
_____

Effects/Results: _____
_____
_____
_____

Extra Notes: _____
_____
_____

Cannabis Rating Journal

Date: _____

FINAL RATING: 1 2 3 4 5 6 7 8 9 10

Strain: _____
THC / CBD Levels: _____

Purchase Location: _____
_____

Amount Purchased: _____
Cost: _____

Method of Use: _____
Amount Used: _____
Frequency: _____
_____
_____
_____

Flavour: _____
_____

Colour: _____
_____

Smell: _____
_____

Effects/Results: _____
_____
_____
_____

Extra Notes: _____
_____
_____

Cannabis Rating Journal

Date: _____

FINAL RATING: 1 2 3 4 5 6 7 8 9 10

Strain: _____
THC / CBD Levels: _____

Purchase Location: _____
_____

Amount Purchased: _____
Cost: _____

Method of Use: _____
Amount Used: _____
Frequency: _____
_____
_____
_____

Flavour: _____
_____

Colour: _____
_____

Smell: _____
_____

Effects/Results: _____
_____
_____
_____

Extra Notes: _____
_____
_____

Cannabis Rating Journal

Date: _____

FINAL RATING: 1 2 3 4 5 6 7 8 9 10

Strain: _____
THC / CBD Levels: _____

Purchase Location: _____
_____

Amount Purchased: _____
Cost: _____

Method of Use: _____
Amount Used: _____
Frequency: _____
_____
_____
_____

Flavour: _____
_____

Colour: _____
_____

Smell: _____
_____

Effects/Results: _____
_____
_____
_____

Extra Notes: _____
_____
_____

Cannabis Rating Journal

Date: _____

FINAL RATING: 1 2 3 4 5 6 7 8 9 10

Strain: _____
THC / CBD Levels: _____

Purchase Location: _____
_____
_____

Amount Purchased: _____
Cost: _____

Method of Use: _____
Amount Used: _____
Frequency: _____
_____
_____
_____

Flavour: _____
_____

Colour: _____
_____

Smell: _____
_____

Effects/Results: _____
_____
_____
_____

Extra Notes: _____
_____
_____

Cannabis Rating Journal

Date: _____

FINAL RATING: 1 2 3 4 5 6 7 8 9 10

Strain: _____
THC / CBD Levels: _____

Purchase Location: _____
_____

Amount Purchased: _____
Cost: _____

Method of Use: _____
Amount Used: _____
Frequency: _____
_____
_____
_____

Flavour: _____
_____

Colour: _____
_____

Smell: _____
_____

Effects/Results: _____
_____
_____
_____

Extra Notes: _____
_____
_____

Cannabis Rating Journal

Date: _____

FINAL RATING: 1 2 3 4 5 6 7 8 9 10

Strain: _____
THC / CBD Levels: _____

Purchase Location: _____
_____

Amount Purchased: _____
Cost: _____

Method of Use: _____
Amount Used: _____
Frequency: _____
_____
_____
_____

Flavour: _____

Colour: _____

Smell: _____

Effects/Results: _____
_____
_____

Extra Notes: _____
_____
_____

Cannabis Rating Journal

Date: _____

FINAL RATING: 1 2 3 4 5 6 7 8 9 10

Strain: _____
THC / CBD Levels: _____

Purchase Location: _____
_____

Amount Purchased: _____
Cost: _____

Method of Use: _____
Amount Used: _____
Frequency: _____
_____
_____
_____

Flavour: _____
_____

Colour: _____
_____

Smell: _____
_____

Effects/Results: _____
_____
_____

Extra Notes: _____
_____
_____

Cannabis Rating Journal

Date: _____

FINAL RATING: 1 2 3 4 5 6 7 8 9 10

Strain: _____
THC / CBD Levels: _____

Purchase Location: _____
_____

Amount Purchased: _____
Cost: _____

Method of Use: _____
Amount Used: _____
Frequency: _____
_____
_____
_____

Flavour: _____
_____

Colour: _____
_____

Smell: _____
_____

Effects/Results: _____
_____
_____

Extra Notes: _____
_____
_____

Cannabis Rating Journal

Date: _____

FINAL RATING: 1 2 3 4 5 6 7 8 9 10

Strain: _____
THC / CBD Levels: _____

Purchase Location: _____
_____

Amount Purchased: _____
Cost: _____

Method of Use: _____
Amount Used: _____
Frequency: _____
_____
_____
_____

Flavour: _____

Colour: _____

Smell: _____

Effects/Results: _____
_____
_____

Extra Notes: _____
_____
_____

Cannabis Rating Journal

Date: _____

FINAL RATING: 1 2 3 4 5 6 7 8 9 10

Strain: _____
THC / CBD Levels: _____

Purchase Location: _____
_____

Amount Purchased: _____
Cost: _____

Method of Use: _____
Amount Used: _____
Frequency: _____
_____
_____
_____

Flavour: _____
_____

Colour: _____
_____

Smell: _____
_____

Effects/Results: _____
_____
_____
_____

Extra Notes: _____
_____
_____

Cannabis Rating Journal

Date: _____

FINAL RATING: 1 2 3 4 5 6 7 8 9 10

Strain: _____
THC / CBD Levels: _____

Purchase Location: _____
_____

Amount Purchased: _____
Cost: _____

Method of Use: _____
Amount Used: _____
Frequency: _____
_____
_____
_____

Flavour: _____
_____

Colour: _____
_____

Smell: _____
_____

Effects/Results: _____
_____
_____

Extra Notes: _____
_____
_____

Cannabis Rating Journal

Date: _____

FINAL RATING: 1 2 3 4 5 6 7 8 9 10

Strain: _____
THC / CBD Levels: _____

Purchase Location: _____
_____

Amount Purchased: _____
Cost: _____

Method of Use: _____
Amount Used: _____
Frequency: _____
_____
_____
_____

Flavour: _____
_____

Colour: _____
_____

Smell: _____
_____

Effects/Results: _____
_____
_____
_____

Extra Notes: _____
_____
_____

Cannabis Rating Journal

Date: _____

FINAL RATING: 1 2 3 4 5 6 7 8 9 10

Strain: _____
THC / CBD Levels: _____

Purchase Location: _____
_____

Amount Purchased: _____
Cost: _____

Method of Use: _____
Amount Used: _____
Frequency: _____
_____
_____
_____

Flavour: _____
_____

Colour: _____
_____

Smell: _____
_____

Effects/Results: _____
_____
_____
_____

Extra Notes: _____
_____
_____

Cannabis Rating Journal

Date: _____

FINAL RATING: 1 2 3 4 5 6 7 8 9 10

Strain: _____
THC / CBD Levels: _____

Purchase Location: _____
_____

Amount Purchased: _____
Cost: _____

Method of Use: _____
Amount Used: _____
Frequency: _____
_____
_____
_____

Flavour: _____

Colour: _____

Smell: _____

Effects/Results: _____
_____
_____

Extra Notes: _____
_____
_____

Cannabis Rating Journal

Date: _____

FINAL RATING: 1 2 3 4 5 6 7 8 9 10

Strain: _____
THC / CBD Levels: _____

Purchase Location: _____
_____

Amount Purchased: _____
Cost: _____

Method of Use: _____
Amount Used: _____
Frequency: _____
_____
_____
_____

Flavour: _____
_____

Colour: _____
_____

Smell: _____
_____

Effects/Results: _____
_____
_____
_____

Extra Notes: _____
_____
_____

Cannabis Rating Journal

Date: _____

FINAL RATING: 1 2 3 4 5 6 7 8 9 10

Strain: _____
THC / CBD Levels: _____

Purchase Location: _____
_____

Amount Purchased: _____
Cost: _____

Method of Use: _____
Amount Used: _____
Frequency: _____
_____
_____
_____

Flavour: _____
_____

Colour: _____
_____

Smell: _____
_____

Effects/Results: _____
_____
_____
_____

Extra Notes: _____
_____
_____

Cannabis Rating Journal

Date: _____

FINAL RATING: 1 2 3 4 5 6 7 8 9 10

Strain: _____
THC / CBD Levels: _____

Purchase Location: _____
_____

Amount Purchased: _____
Cost: _____

Method of Use: _____
Amount Used: _____
Frequency: _____
_____
_____
_____

Flavour: _____
_____

Colour: _____
_____

Smell: _____
_____

Effects/Results: _____
_____
_____

Extra Notes: _____
_____
_____

Cannabis Rating Journal

Date: _____

FINAL RATING: 1 2 3 4 5 6 7 8 9 10

Strain: _____
THC / CBD Levels: _____

Purchase Location: _____
_____
_____

Amount Purchased: _____
Cost: _____

Method of Use: _____
Amount Used: _____
Frequency: _____
_____
_____
_____

Flavour: _____
_____

Colour: _____
_____

Smell: _____
_____

Effects/Results: _____
_____
_____
_____

Extra Notes: _____
_____
_____

Cannabis Rating Journal

Date: _____

FINAL RATING: 1 2 3 4 5 6 7 8 9 10

Strain: _____
THC / CBD Levels: _____

Purchase Location: _____
_____

Amount Purchased: _____
Cost: _____

Method of Use: _____
Amount Used: _____
Frequency: _____
_____
_____
_____

Flavour: _____
_____

Colour: _____
_____

Smell: _____
_____

Effects/Results: _____
_____
_____
_____

Extra Notes: _____
_____
_____

Cannabis Rating Journal

Date: _____

FINAL RATING: 1 2 3 4 5 6 7 8 9 10

Strain: _____
THC / CBD Levels: _____

Purchase Location: _____
_____

Amount Purchased: _____
Cost: _____

Method of Use: _____
Amount Used: _____
Frequency: _____
_____
_____
_____

Flavour: _____
_____

Colour: _____
_____

Smell: _____
_____

Effects/Results: _____
_____
_____

Extra Notes: _____
_____
_____

Cannabis Rating Journal

Date: _____

FINAL RATING: 1 2 3 4 5 6 7 8 9 10

Strain: _____
THC / CBD Levels: _____

Purchase Location: _____
_____

Amount Purchased: _____
Cost: _____

Method of Use: _____
Amount Used: _____
Frequency: _____
_____
_____
_____

Flavour: _____

Colour: _____

Smell: _____

Effects/Results: _____
_____
_____

Extra Notes: _____
_____
_____

Cannabis Rating Journal

Date: _____

FINAL RATING: 1 2 3 4 5 6 7 8 9 10

Strain: _____
THC / CBD Levels: _____

Purchase Location: _____
_____

Amount Purchased: _____
Cost: _____

Method of Use: _____
Amount Used: _____
Frequency: _____
_____
_____

Flavour: _____

Colour: _____

Smell: _____

Effects/Results: _____
_____
_____

Extra Notes: _____
_____
_____

Cannabis Rating Journal

Date: _____

FINAL RATING: 1 2 3 4 5 6 7 8 9 10

Strain: _____
THC / CBD Levels: _____

Purchase Location: _____
_____

Amount Purchased: _____
Cost: _____

Method of Use: _____
Amount Used: _____
Frequency: _____
_____
_____
_____

Flavour: _____
_____

Colour: _____
_____

Smell: _____
_____

Effects/Results: _____
_____
_____
_____

Extra Notes: _____
_____
_____

Cannabis Rating Journal

Date: _____

FINAL RATING: 1 2 3 4 5 6 7 8 9 10

Strain: _____
THC / CBD Levels: _____

Purchase Location: _____
_____

Amount Purchased: _____
Cost: _____

Method of Use: _____
Amount Used: _____
Frequency: _____
_____
_____
_____

Flavour: _____
_____

Colour: _____
_____

Smell: _____
_____

Effects/Results: _____
_____
_____
_____

Extra Notes: _____
_____
_____

Cannabis Rating Journal

Date: _____

FINAL RATING: 1 2 3 4 5 6 7 8 9 10

Strain: _____
THC / CBD Levels: _____

Purchase Location: _____
_____

Amount Purchased: _____
Cost: _____

Method of Use: _____
Amount Used: _____
Frequency: _____
_____
_____
_____

Flavour: _____
_____

Colour: _____
_____

Smell: _____
_____

Effects/Results: _____
_____
_____
_____

Extra Notes: _____
_____
_____

Cannabis Rating Journal

Date: _____

FINAL RATING: 1 2 3 4 5 6 7 8 9 10

Strain: _____
THC / CBD Levels: _____

Purchase Location: _____
_____

Amount Purchased: _____
Cost: _____

Method of Use: _____
Amount Used: _____
Frequency: _____
_____
_____
_____

Flavour: _____
_____

Colour: _____
_____

Smell: _____
_____

Effects/Results: _____
_____
_____

Extra Notes: _____
_____
_____

Cannabis Rating Journal

Date: _____

FINAL RATING: 1 2 3 4 5 6 7 8 9 10

Strain: _____
THC / CBD Levels: _____

Purchase Location: _____
_____

Amount Purchased: _____
Cost: _____

Method of Use: _____
Amount Used: _____
Frequency: _____
_____
_____
_____

Flavour: _____
_____

Colour: _____
_____

Smell: _____
_____

Effects/Results: _____
_____
_____
_____

Extra Notes: _____
_____
_____

Cannabis Rating Journal

Date: _____

FINAL RATING: 1 2 3 4 5 6 7 8 9 10

Strain: _____
THC / CBD Levels: _____

Purchase Location: _____
_____

Amount Purchased: _____
Cost: _____

Method of Use: _____
Amount Used: _____
Frequency: _____
_____
_____
_____

Flavour: _____
_____

Colour: _____
_____

Smell: _____
_____

Effects/Results: _____
_____
_____
_____

Extra Notes: _____
_____
_____

Cannabis Rating Journal

Date: _____

FINAL RATING: 1 2 3 4 5 6 7 8 9 10

Strain: _____
THC / CBD Levels: _____

Purchase Location: _____
_____

Amount Purchased: _____
Cost: _____

Method of Use: _____
Amount Used: _____
Frequency: _____
_____
_____
_____

Flavour: _____
_____

Colour: _____
_____

Smell: _____
_____

Effects/Results: _____
_____
_____
_____

Extra Notes: _____
_____
_____

Cannabis Rating Journal

Date: _____

FINAL RATING: 1 2 3 4 5 6 7 8 9 10

Strain: _____
THC / CBD Levels: _____

Purchase Location: _____
_____
_____

Amount Purchased: _____
Cost: _____

Method of Use: _____
Amount Used: _____
Frequency: _____
_____
_____
_____

Flavour: _____
_____

Colour: _____
_____

Smell: _____
_____

Effects/Results: _____
_____
_____
_____

Extra Notes: _____
_____
_____

Cannabis Rating Journal

Date: _____

FINAL RATING: 1 2 3 4 5 6 7 8 9 10

Strain: _____
THC / CBD Levels: _____

Purchase Location: _____
_____

Amount Purchased: _____
Cost: _____

Method of Use: _____
Amount Used: _____
Frequency: _____
_____
_____
_____

Flavour: _____
_____

Colour: _____
_____

Smell: _____
_____

Effects/Results: _____
_____
_____

Extra Notes: _____
_____
_____

Cannabis Rating Journal

Date: _____

FINAL RATING: 1 2 3 4 5 6 7 8 9 10

Strain: _____
THC / CBD Levels: _____

Purchase Location: _____
_____

Amount Purchased: _____
Cost: _____

Method of Use: _____
Amount Used: _____
Frequency: _____
_____
_____
_____

Flavour: _____
_____

Colour: _____
_____

Smell: _____
_____

Effects/Results: _____
_____
_____
_____

Extra Notes: _____
_____
_____

Cannabis Rating Journal

Date: _____

FINAL RATING: 1 2 3 4 5 6 7 8 9 10

Strain: _____
THC / CBD Levels: _____

Purchase Location: _____
_____

Amount Purchased: _____
Cost: _____

Method of Use: _____
Amount Used: _____
Frequency: _____
_____
_____
_____

Flavour: _____
_____

Colour: _____
_____

Smell: _____
_____

Effects/Results: _____
_____
_____
_____

Extra Notes: _____
_____
_____

Cannabis Rating Journal

Date: _____

FINAL RATING: 1 2 3 4 5 6 7 8 9 10

Strain: _____
THC / CBD Levels: _____

Purchase Location: _____
_____
_____

Amount Purchased: _____
Cost: _____

Method of Use: _____
Amount Used: _____
Frequency: _____
_____
_____
_____

Flavour: _____
_____

Colour: _____
_____

Smell: _____
_____

Effects/Results: _____
_____
_____
_____

Extra Notes: _____
_____
_____

Cannabis Rating Journal

Date: _____

FINAL RATING: 1 2 3 4 5 6 7 8 9 10

Strain: _____
THC / CBD Levels: _____

Purchase Location: _____
_____

Amount Purchased: _____
Cost: _____

Method of Use: _____
Amount Used: _____
Frequency: _____
_____
_____
_____

Flavour: _____
_____

Colour: _____
_____

Smell: _____
_____

Effects/Results: _____
_____
_____

Extra Notes: _____
_____
_____

Cannabis Rating Journal

Date: _____

FINAL RATING: 1 2 3 4 5 6 7 8 9 10

Strain: _____
THC / CBD Levels: _____

Purchase Location: _____
_____

Amount Purchased: _____
Cost: _____

Method of Use: _____
Amount Used: _____
Frequency: _____
_____
_____
_____

Flavour: _____
_____

Colour: _____
_____

Smell: _____
_____

Effects/Results: _____
_____
_____

Extra Notes: _____
_____
_____

Cannabis Rating Journal

Date: _____

FINAL RATING: 1 2 3 4 5 6 7 8 9 10

Strain: _____
THC / CBD Levels: _____

Purchase Location: _____
_____

Amount Purchased: _____
Cost: _____

Method of Use: _____
Amount Used: _____
Frequency: _____
_____
_____
_____

Flavour: _____
_____

Colour: _____
_____

Smell: _____
_____

Effects/Results: _____
_____
_____

Extra Notes: _____
_____
_____

Cannabis Rating Journal

Date: _____

FINAL RATING: 1 2 3 4 5 6 7 8 9 10

Strain: _____
THC / CBD Levels: _____

Purchase Location: _____
_____

Amount Purchased: _____
Cost: _____

Method of Use: _____
Amount Used: _____
Frequency: _____
_____
_____
_____

Flavour: _____
_____

Colour: _____
_____

Smell: _____
_____

Effects/Results: _____
_____
_____

Extra Notes: _____
_____
_____

Cannabis Rating Journal

Date: _____

FINAL RATING: 1 2 3 4 5 6 7 8 9 10

Strain: _____
THC / CBD Levels: _____

Purchase Location: _____
_____

Amount Purchased: _____
Cost: _____

Method of Use: _____
Amount Used: _____
Frequency: _____
_____
_____
_____

Flavour: _____
_____

Colour: _____
_____

Smell: _____
_____

Effects/Results: _____
_____
_____
_____

Extra Notes: _____
_____
_____

Cannabis Rating Journal

Date: _____

FINAL RATING: 1 2 3 4 5 6 7 8 9 10

Strain: _____
THC / CBD Levels: _____

Purchase Location: _____
_____

Amount Purchased: _____
Cost: _____

Method of Use: _____
Amount Used: _____
Frequency: _____
_____
_____
_____

Flavour: _____
_____

Colour: _____
_____

Smell: _____
_____

Effects/Results: _____
_____
_____

Extra Notes: _____
_____
_____

Cannabis Rating Journal

Date: _____

FINAL RATING: 1 2 3 4 5 6 7 8 9 10

Strain: _____
THC / CBD Levels: _____

Purchase Location: _____
_____

Amount Purchased: _____
Cost: _____

Method of Use: _____
Amount Used: _____
Frequency: _____
_____
_____
_____

Flavour: _____
_____

Colour: _____
_____

Smell: _____
_____

Effects/Results: _____
_____
_____
_____

Extra Notes: _____
_____
_____

Cannabis Rating Journal

Date: _____

FINAL RATING: 1 2 3 4 5 6 7 8 9 10

Strain: _____
THC / CBD Levels: _____

Purchase Location: _____
_____

Amount Purchased: _____
Cost: _____

Method of Use: _____
Amount Used: _____
Frequency: _____
_____
_____
_____

Flavour: _____
_____

Colour: _____
_____

Smell: _____
_____

Effects/Results: _____
_____
_____
_____

Extra Notes: _____
_____
_____

Cannabis Rating Journal

Date: _____

FINAL RATING: 1 2 3 4 5 6 7 8 9 10

Strain: _____
THC / CBD Levels: _____

Purchase Location: _____
_____

Amount Purchased: _____
Cost: _____

Method of Use: _____
Amount Used: _____
Frequency: _____
_____
_____
_____

Flavour: _____
_____

Colour: _____
_____

Smell: _____
_____

Effects/Results: _____
_____
_____
_____

Extra Notes: _____
_____
_____

Cannabis Rating Journal

Date: _____

FINAL RATING: 1 2 3 4 5 6 7 8 9 10

Strain: _____
THC / CBD Levels: _____

Purchase Location: _____
_____
_____

Amount Purchased: _____
Cost: _____

Method of Use: _____
Amount Used: _____
Frequency: _____
_____
_____
_____

Flavour: _____
_____

Colour: _____
_____

Smell: _____
_____

Effects/Results: _____
_____
_____
_____

Extra Notes: _____
_____
_____

Cannabis Rating Journal

Date: _____

FINAL RATING: 1 2 3 4 5 6 7 8 9 10

Strain: _____
THC / CBD Levels: _____

Purchase Location: _____
_____

Amount Purchased: _____
Cost: _____

Method of Use: _____
Amount Used: _____
Frequency: _____
_____
_____
_____

Flavour: _____

Colour: _____

Smell: _____

Effects/Results: _____
_____
_____

Extra Notes: _____
_____
_____

Cannabis Rating Journal

Date: _____

FINAL RATING: 1 2 3 4 5 6 7 8 9 10

Strain: _____
THC / CBD Levels: _____

Purchase Location: _____
_____

Amount Purchased: _____
Cost: _____

Method of Use: _____
Amount Used: _____
Frequency: _____
_____
_____
_____

Flavour: _____
_____

Colour: _____
_____

Smell: _____
_____

Effects/Results: _____
_____
_____
_____

Extra Notes: _____
_____
_____

Cannabis Rating Journal

Date: _____

FINAL RATING: 1 2 3 4 5 6 7 8 9 10

Strain: _____
THC / CBD Levels: _____

Purchase Location: _____
_____

Amount Purchased: _____
Cost: _____

Method of Use: _____
Amount Used: _____
Frequency: _____
_____
_____
_____

Flavour: _____
_____

Colour: _____
_____

Smell: _____
_____

Effects/Results: _____
_____
_____

Extra Notes: _____
_____
_____

Cannabis Rating Journal

Date: _____

FINAL RATING: 1 2 3 4 5 6 7 8 9 10

Strain: _____
THC / CBD Levels: _____

Purchase Location: _____
_____
_____

Amount Purchased: _____
Cost: _____

Method of Use: _____
Amount Used: _____
Frequency: _____
_____
_____
_____

Flavour: _____
_____

Colour: _____
_____

Smell: _____
_____

Effects/Results: _____
_____
_____
_____

Extra Notes: _____
_____
_____

Cannabis Rating Journal

Date: _____

FINAL RATING: 1 2 3 4 5 6 7 8 9 10

Strain: _____
THC / CBD Levels: _____

Purchase Location: _____
_____

Amount Purchased: _____
Cost: _____

Method of Use: _____
Amount Used: _____
Frequency: _____
_____
_____
_____

Flavour: _____
_____

Colour: _____
_____

Smell: _____
_____

Effects/Results: _____
_____
_____
_____

Extra Notes: _____
_____
_____

Cannabis Rating Journal

Date: _____

FINAL RATING: 1 2 3 4 5 6 7 8 9 10

Strain: _____
THC / CBD Levels: _____

Purchase Location: _____
_____

Amount Purchased: _____
Cost: _____

Method of Use: _____
Amount Used: _____
Frequency: _____
_____
_____
_____

Flavour: _____
_____

Colour: _____
_____

Smell: _____
_____

Effects/Results: _____
_____
_____
_____

Extra Notes: _____
_____
_____

Cannabis Rating Journal

Date: _____

FINAL RATING: 1 2 3 4 5 6 7 8 9 10

Strain: _____
THC / CBD Levels: _____

Purchase Location: _____
_____

Amount Purchased: _____
Cost: _____

Method of Use: _____
Amount Used: _____
Frequency: _____
_____
_____
_____

Flavour: _____
_____

Colour: _____
_____

Smell: _____
_____

Effects/Results: _____
_____
_____
_____

Extra Notes: _____
_____
_____

Cannabis Rating Journal

Date: _____

FINAL RATING: 1 2 3 4 5 6 7 8 9 10

Strain: _____
THC / CBD Levels: _____

Purchase Location: _____
_____

Amount Purchased: _____
Cost: _____

Method of Use: _____
Amount Used: _____
Frequency: _____
_____
_____
_____

Flavour: _____
_____

Colour: _____
_____

Smell: _____
_____

Effects/Results: _____
_____
_____
_____

Extra Notes: _____
_____
_____

Cannabis Rating Journal

Date: _____

FINAL RATING: 1 2 3 4 5 6 7 8 9 10

Strain: _____
THC / CBD Levels: _____

Purchase Location: _____
_____

Amount Purchased: _____
Cost: _____

Method of Use: _____
Amount Used: _____
Frequency: _____
_____
_____
_____

Flavour: _____
_____

Colour: _____
_____

Smell: _____
_____

Effects/Results: _____
_____
_____
_____

Extra Notes: _____
_____
_____

Cannabis Rating Journal

Date: _____

FINAL RATING: 1 2 3 4 5 6 7 8 9 10

Strain: _____
THC / CBD Levels: _____

Purchase Location: _____
_____

Amount Purchased: _____
Cost: _____

Method of Use: _____
Amount Used: _____
Frequency: _____
_____
_____
_____

Flavour: _____
_____

Colour: _____
_____

Smell: _____
_____

Effects/Results: _____
_____
_____

Extra Notes: _____
_____
_____

Cannabis Rating Journal

Date: _____

FINAL RATING: 1 2 3 4 5 6 7 8 9 10

Strain: _____
THC / CBD Levels: _____

Purchase Location: _____
_____

Amount Purchased: _____
Cost: _____

Method of Use: _____
Amount Used: _____
Frequency: _____
_____
_____
_____

Flavour: _____

Colour: _____

Smell: _____

Effects/Results: _____
_____
_____

Extra Notes: _____
_____
_____

Cannabis Rating Journal

Date: _____

FINAL RATING: 1 2 3 4 5 6 7 8 9 10

Strain: _____
THC / CBD Levels: _____

Purchase Location: _____
_____

Amount Purchased: _____
Cost: _____

Method of Use: _____
Amount Used: _____
Frequency: _____
_____
_____
_____

Flavour: _____
_____

Colour: _____
_____

Smell: _____
_____

Effects/Results: _____
_____
_____
_____

Extra Notes: _____
_____
_____

Cannabis Rating Journal

Date: _____

FINAL RATING: 1 2 3 4 5 6 7 8 9 10

Strain: _____
THC / CBD Levels: _____

Purchase Location: _____
_____

Amount Purchased: _____
Cost: _____

Method of Use: _____
Amount Used: _____
Frequency: _____
_____
_____
_____

Flavour: _____
_____

Colour: _____
_____

Smell: _____
_____

Effects/Results: _____
_____
_____
_____

Extra Notes: _____
_____
_____

Cannabis Rating Journal

Date: _____

FINAL RATING: 1 2 3 4 5 6 7 8 9 10

Strain: _____
THC / CBD Levels: _____

Purchase Location: _____
_____

Amount Purchased: _____
Cost: _____

Method of Use: _____
Amount Used: _____
Frequency: _____
_____
_____
_____

Flavour: _____
_____

Colour: _____
_____

Smell: _____
_____

Effects/Results: _____
_____
_____

Extra Notes: _____
_____
_____

Cannabis Rating Journal

Date: _____

FINAL RATING: 1 2 3 4 5 6 7 8 9 10

Strain: _____
THC / CBD Levels: _____

Purchase Location: _____
_____
_____

Amount Purchased: _____
Cost: _____

Method of Use: _____
Amount Used: _____
Frequency: _____
_____
_____
_____

Flavour: _____
_____

Colour: _____
_____

Smell: _____
_____

Effects/Results: _____
_____
_____
_____

Extra Notes: _____
_____
_____

Cannabis Rating Journal

Date: _____

FINAL RATING: 1 2 3 4 5 6 7 8 9 10

Strain: _____
THC / CBD Levels: _____

Purchase Location: _____
_____
_____

Amount Purchased: _____
Cost: _____

Method of Use: _____
Amount Used: _____
Frequency: _____
_____
_____
_____

Flavour: _____
_____

Colour: _____
_____

Smell: _____
_____

Effects/Results: _____
_____
_____
_____

Extra Notes: _____
_____
_____

Cannabis Rating Journal

Date: _____

FINAL RATING: 1 2 3 4 5 6 7 8 9 10

Strain: _____
THC / CBD Levels: _____

Purchase Location: _____
_____

Amount Purchased: _____
Cost: _____

Method of Use: _____
Amount Used: _____
Frequency: _____
_____
_____
_____

Flavour: _____
_____

Colour: _____
_____

Smell: _____
_____

Effects/Results: _____
_____
_____
_____

Extra Notes: _____
_____
_____

Cannabis Rating Journal

Date: _____

FINAL RATING: 1 2 3 4 5 6 7 8 9 10

Strain: _____
THC / CBD Levels: _____

Purchase Location: _____
_____

Amount Purchased: _____
Cost: _____

Method of Use: _____
Amount Used: _____
Frequency: _____
_____
_____
_____

Flavour: _____
_____

Colour: _____
_____

Smell: _____
_____

Effects/Results: _____
_____
_____
_____

Extra Notes: _____
_____
_____

Cannabis Rating Journal

Date: _____

FINAL RATING: 1 2 3 4 5 6 7 8 9 10

Strain: _____
THC / CBD Levels: _____

Purchase Location: _____
_____

Amount Purchased: _____
Cost: _____

Method of Use: _____
Amount Used: _____
Frequency: _____
_____
_____
_____

Flavour: _____

Colour: _____

Smell: _____

Effects/Results: _____
_____
_____

Extra Notes: _____
_____
_____

Cannabis Rating Journal

Date: _____

FINAL RATING: 1 2 3 4 5 6 7 8 9 10

Strain: _____
THC / CBD Levels: _____

Purchase Location: _____
_____

Amount Purchased: _____
Cost: _____

Method of Use: _____
Amount Used: _____
Frequency: _____
_____
_____
_____

Flavour: _____
_____

Colour: _____
_____

Smell: _____
_____

Effects/Results: _____
_____
_____

Extra Notes: _____
_____
_____

Cannabis Rating Journal

Date: _____

FINAL RATING: 1 2 3 4 5 6 7 8 9 10

Strain: _____
THC / CBD Levels: _____

Purchase Location: _____
_____

Amount Purchased: _____
Cost: _____

Method of Use: _____
Amount Used: _____
Frequency: _____
_____
_____
_____

Flavour: _____
_____

Colour: _____
_____

Smell: _____
_____

Effects/Results: _____
_____
_____
_____

Extra Notes: _____
_____
_____

Cannabis Rating Journal

Date: _____

FINAL RATING: 1 2 3 4 5 6 7 8 9 10

Strain: _____
THC / CBD Levels: _____

Purchase Location: _____
_____
_____

Amount Purchased: _____
Cost: _____

Method of Use: _____
Amount Used: _____
Frequency: _____
_____
_____
_____

Flavour: _____
_____

Colour: _____
_____

Smell: _____
_____

Effects/Results: _____
_____
_____
_____

Extra Notes: _____
_____
_____

Cannabis Rating Journal

Date: _____

FINAL RATING: 1 2 3 4 5 6 7 8 9 10

Strain: _____
THC / CBD Levels: _____

Purchase Location: _____
_____

Amount Purchased: _____
Cost: _____

Method of Use: _____
Amount Used: _____
Frequency: _____
_____
_____
_____

Flavour: _____

Colour: _____

Smell: _____

Effects/Results: _____
_____
_____

Extra Notes: _____
_____
_____

Cannabis Rating Journal

Date: _____

FINAL RATING: 1 2 3 4 5 6 7 8 9 10

Strain: _____
THC / CBD Levels: _____

Purchase Location: _____
_____

Amount Purchased: _____
Cost: _____

Method of Use: _____
Amount Used: _____
Frequency: _____
_____
_____
_____

Flavour: _____
_____

Colour: _____
_____

Smell: _____
_____

Effects/Results: _____
_____
_____
_____

Extra Notes: _____
_____
_____

Cannabis Rating Journal

Date: _____

FINAL RATING: 1 2 3 4 5 6 7 8 9 10

Strain: _____
THC / CBD Levels: _____

Purchase Location: _____
_____

Amount Purchased: _____
Cost: _____

Method of Use: _____
Amount Used: _____
Frequency: _____
_____
_____
_____

Flavour: _____

Colour: _____

Smell: _____

Effects/Results: _____
_____
_____

Extra Notes: _____
_____
_____

Cannabis Rating Journal

Date: _____

FINAL RATING: 1 2 3 4 5 6 7 8 9 10

Strain: _____
THC / CBD Levels: _____

Purchase Location: _____
_____

Amount Purchased: _____
Cost: _____

Method of Use: _____
Amount Used: _____
Frequency: _____
_____
_____
_____

Flavour: _____
_____

Colour: _____
_____

Smell: _____
_____

Effects/Results: _____
_____
_____

Extra Notes: _____
_____
_____

Cannabis Rating Journal

Date: _____

FINAL RATING: 1 2 3 4 5 6 7 8 9 10

Strain: _____
THC / CBD Levels: _____

Purchase Location: _____
_____

Amount Purchased: _____
Cost: _____

Method of Use: _____
Amount Used: _____
Frequency: _____
_____
_____
_____

Flavour: _____
_____

Colour: _____
_____

Smell: _____
_____

Effects/Results: _____
_____
_____

Extra Notes: _____
_____
_____

Cannabis Rating Journal

Date: _____

FINAL RATING: 1 2 3 4 5 6 7 8 9 10

Strain: _____
THC / CBD Levels: _____

Purchase Location: _____
_____
_____

Amount Purchased: _____
Cost: _____

Method of Use: _____
Amount Used: _____
Frequency: _____
_____
_____
_____

Flavour: _____
_____

Colour: _____
_____

Smell: _____
_____

Effects/Results: _____
_____
_____
_____

Extra Notes: _____
_____
_____

Cannabis Rating Journal

Date: _____

FINAL RATING: 1 2 3 4 5 6 7 8 9 10

Strain: _____
THC / CBD Levels: _____

Purchase Location: _____
_____
_____

Amount Purchased: _____
Cost: _____

Method of Use: _____
Amount Used: _____
Frequency: _____
_____
_____
_____

Flavour: _____
_____

Colour: _____
_____

Smell: _____
_____

Effects/Results: _____
_____
_____
_____

Extra Notes: _____
_____
_____

Cannabis Rating Journal

Date: _____

FINAL RATING: 1 2 3 4 5 6 7 8 9 10

Strain: _____
THC / CBD Levels: _____

Purchase Location: _____
_____

Amount Purchased: _____
Cost: _____

Method of Use: _____
Amount Used: _____
Frequency: _____
_____
_____
_____

Flavour: _____
_____

Colour: _____
_____

Smell: _____
_____

Effects/Results: _____
_____
_____
_____

Extra Notes: _____
_____
_____

Cannabis Rating Journal

Date: _____

FINAL RATING: 1 2 3 4 5 6 7 8 9 10

Strain: _____
THC / CBD Levels: _____

Purchase Location: _____
_____

Amount Purchased: _____
Cost: _____

Method of Use: _____
Amount Used: _____
Frequency: _____
_____
_____
_____

Flavour: _____
_____

Colour: _____
_____

Smell: _____
_____

Effects/Results: _____
_____
_____
_____

Extra Notes: _____
_____
_____

Cannabis Rating Journal

Date: _____

FINAL RATING: 1 2 3 4 5 6 7 8 9 10

Strain: _____
THC / CBD Levels: _____

Purchase Location: _____
_____

Amount Purchased: _____
Cost: _____

Method of Use: _____
Amount Used: _____
Frequency: _____
_____
_____
_____

Flavour: _____
_____

Colour: _____
_____

Smell: _____

Effects/Results: _____
_____
_____
_____

Extra Notes: _____
_____
_____

Cannabis Rating Journal

Date: _____

FINAL RATING: 1 2 3 4 5 6 7 8 9 10

Strain: _____
THC / CBD Levels: _____

Purchase Location: _____
_____
_____

Amount Purchased: _____
Cost: _____

Method of Use: _____
Amount Used: _____
Frequency: _____
_____
_____
_____

Flavour: _____
_____

Colour: _____
_____

Smell: _____
_____

Effects/Results: _____
_____
_____
_____

Extra Notes: _____
_____
_____

Cannabis Rating Journal

Date: _____

FINAL RATING: 1 2 3 4 5 6 7 8 9 10

Strain: _____
THC / CBD Levels: _____

Purchase Location: _____
_____
_____

Amount Purchased: _____
Cost: _____

Method of Use: _____
Amount Used: _____
Frequency: _____
_____
_____
_____

Flavour: _____
_____

Colour: _____
_____

Smell: _____
_____

Effects/Results: _____
_____
_____
_____

Extra Notes: _____
_____
_____

Cannabis Rating Journal

Date: _____

FINAL RATING: 1 2 3 4 5 6 7 8 9 10

Strain: _____
THC / CBD Levels: _____

Purchase Location: _____
_____

Amount Purchased: _____
Cost: _____

Method of Use: _____
Amount Used: _____
Frequency: _____
_____
_____
_____

Flavour: _____
_____

Colour: _____
_____

Smell: _____
_____

Effects/Results: _____
_____
_____
_____

Extra Notes: _____
_____
_____

Cannabis Rating Journal

Date: _____

FINAL RATING: 1 2 3 4 5 6 7 8 9 10

Strain: _____
THC / CBD Levels: _____

Purchase Location: _____
_____

Amount Purchased: _____
Cost: _____

Method of Use: _____
Amount Used: _____
Frequency: _____
_____
_____
_____

Flavour: _____
_____

Colour: _____
_____

Smell: _____
_____

Effects/Results: _____
_____
_____

Extra Notes: _____
_____
_____

Cannabis Rating Journal

Date: _____

FINAL RATING: 1 2 3 4 5 6 7 8 9 10

Strain: _____
THC / CBD Levels: _____

Purchase Location: _____
_____

Amount Purchased: _____
Cost: _____

Method of Use: _____
Amount Used: _____
Frequency: _____
_____
_____
_____

Flavour: _____
_____

Colour: _____
_____

Smell: _____
_____

Effects/Results: _____
_____
_____
_____

Extra Notes: _____
_____
_____

Cannabis Rating Journal

Date: _____

FINAL RATING: 1 2 3 4 5 6 7 8 9 10

Strain: _____
THC / CBD Levels: _____

Purchase Location: _____
_____
_____

Amount Purchased: _____
Cost: _____

Method of Use: _____
Amount Used: _____
Frequency: _____
_____
_____
_____

Flavour: _____
_____

Colour: _____
_____

Smell: _____
_____

Effects/Results: _____
_____
_____
_____

Extra Notes: _____
_____
_____

Cannabis Rating Journal

Date: _____

FINAL RATING: 1 2 3 4 5 6 7 8 9 10

Strain: _____
THC / CBD Levels: _____

Purchase Location: _____
_____

Amount Purchased: _____
Cost: _____

Method of Use: _____
Amount Used: _____
Frequency: _____
_____
_____
_____

Flavour: _____
_____

Colour: _____
_____

Smell: _____
_____

Effects/Results: _____
_____
_____
_____

Extra Notes: _____
_____
_____

Cannabis Rating Journal

Date: _____

FINAL RATING: 1 2 3 4 5 6 7 8 9 10

Strain: _____
THC / CBD Levels: _____

Purchase Location: _____
_____
_____

Amount Purchased: _____
Cost: _____

Method of Use: _____
Amount Used: _____
Frequency: _____
_____
_____
_____

Flavour: _____
_____

Colour: _____
_____

Smell: _____
_____

Effects/Results: _____
_____
_____
_____

Extra Notes: _____
_____
_____

Cannabis Rating Journal

Date: _____

FINAL RATING: 1 2 3 4 5 6 7 8 9 10

Strain: _____
THC / CBD Levels: _____

Purchase Location: _____
_____

Amount Purchased: _____
Cost: _____

Method of Use: _____
Amount Used: _____
Frequency: _____
_____
_____
_____

Flavour: _____

Colour: _____

Smell: _____

Effects/Results: _____
_____
_____

Extra Notes: _____
_____
_____

Cannabis Rating Journal

Date: _____

FINAL RATING: 1 2 3 4 5 6 7 8 9 10

Strain: _____
THC / CBD Levels: _____

Purchase Location: _____
_____

Amount Purchased: _____
Cost: _____

Method of Use: _____
Amount Used: _____
Frequency: _____
_____
_____
_____

Flavour: _____
_____

Colour: _____
_____

Smell: _____
_____

Effects/Results: _____
_____
_____

Extra Notes: _____
_____
_____

Cannabis Rating Journal

Date: _____

FINAL RATING: 1 2 3 4 5 6 7 8 9 10

Strain: _____
THC / CBD Levels: _____

Purchase Location: _____
_____

Amount Purchased: _____
Cost: _____

Method of Use: _____
Amount Used: _____
Frequency: _____
_____
_____
_____

Flavour: _____
_____

Colour: _____
_____

Smell: _____
_____

Effects/Results: _____
_____
_____

Extra Notes: _____
_____
_____

Cannabis Rating Journal

Date: _____

FINAL RATING: 1 2 3 4 5 6 7 8 9 10

Strain: _____
THC / CBD Levels: _____

Purchase Location: _____
_____

Amount Purchased: _____
Cost: _____

Method of Use: _____
Amount Used: _____
Frequency: _____
_____
_____
_____

Flavour: _____
_____

Colour: _____
_____

Smell: _____
_____

Effects/Results: _____
_____
_____
_____

Extra Notes: _____
_____
_____

Cannabis Rating Journal

Date: _____

FINAL RATING: 1 2 3 4 5 6 7 8 9 10

Strain: _____
THC / CBD Levels: _____

Purchase Location: _____
_____

Amount Purchased: _____
Cost: _____

Method of Use: _____
Amount Used: _____
Frequency: _____
_____
_____
_____

Flavour: _____
_____

Colour: _____
_____

Smell: _____
_____

Effects/Results: _____
_____
_____

Extra Notes: _____
_____
_____

Cannabis Rating Journal

Date: _____

FINAL RATING: 1 2 3 4 5 6 7 8 9 10

Strain: _____
THC / CBD Levels: _____

Purchase Location: _____
_____

Amount Purchased: _____
Cost: _____

Method of Use: _____
Amount Used: _____
Frequency: _____
_____
_____
_____

Flavour: _____
_____

Colour: _____
_____

Smell: _____
_____

Effects/Results: _____
_____
_____
_____

Extra Notes: _____
_____
_____

Cannabis Rating Journal

Date: _____

FINAL RATING: 1 2 3 4 5 6 7 8 9 10

Strain: _____
THC / CBD Levels: _____

Purchase Location: _____
_____

Amount Purchased: _____
Cost: _____

Method of Use: _____
Amount Used: _____
Frequency: _____
_____
_____
_____

Flavour: _____
_____

Colour: _____
_____

Smell: _____
_____

Effects/Results: _____
_____
_____
_____

Extra Notes: _____
_____
_____

Cannabis Rating Journal

Date: _____

FINAL RATING: 1 2 3 4 5 6 7 8 9 10

Strain: _____
THC / CBD Levels: _____

Purchase Location: _____
_____

Amount Purchased: _____
Cost: _____

Method of Use: _____
Amount Used: _____
Frequency: _____
_____
_____
_____

Flavour: _____
_____

Colour: _____
_____

Smell: _____
_____

Effects/Results: _____
_____
_____
_____

Extra Notes: _____
_____
_____

Cannabis Rating Journal

Date: _____

FINAL RATING: 1 2 3 4 5 6 7 8 9 10

Strain: _____
THC / CBD Levels: _____

Purchase Location: _____
_____

Amount Purchased: _____
Cost: _____

Method of Use: _____
Amount Used: _____
Frequency: _____
_____
_____
_____

Flavour: _____

Colour: _____

Smell: _____

Effects/Results: _____
_____
_____

Extra Notes: _____
_____
_____

Cannabis Rating Journal

Date: _____

FINAL RATING: 1 2 3 4 5 6 7 8 9 10

Strain: _____
THC / CBD Levels: _____

Purchase Location: _____
_____

Amount Purchased: _____
Cost: _____

Method of Use: _____
Amount Used: _____
Frequency: _____
_____
_____
_____

Flavour: _____
_____

Colour: _____
_____

Smell: _____
_____

Effects/Results: _____
_____
_____

Extra Notes: _____
_____
_____

Cannabis Rating Journal

Date: _____

FINAL RATING: 1 2 3 4 5 6 7 8 9 10

Strain: _____
THC / CBD Levels: _____

Purchase Location: _____
_____
_____

Amount Purchased: _____
Cost: _____

Method of Use: _____
Amount Used: _____
Frequency: _____
_____
_____
_____

Flavour: _____
_____

Colour: _____
_____

Smell: _____
_____

Effects/Results: _____
_____
_____
_____

Extra Notes: _____
_____
_____

Cannabis Rating Journal

Date: _____

FINAL RATING: 1 2 3 4 5 6 7 8 9 10

Strain: _____
THC / CBD Levels: _____

Purchase Location: _____
_____
_____

Amount Purchased: _____
Cost: _____

Method of Use: _____
Amount Used: _____
Frequency: _____
_____
_____
_____

Flavour: _____
_____

Colour: _____
_____

Smell: _____
_____

Effects/Results: _____
_____
_____
_____

Extra Notes: _____
_____
_____

Cannabis Rating Journal

Date: _____

FINAL RATING: 1 2 3 4 5 6 7 8 9 10

Strain: _____
THC / CBD Levels: _____

Purchase Location: _____
_____

Amount Purchased: _____
Cost: _____

Method of Use: _____
Amount Used: _____
Frequency: _____
_____
_____
_____

Flavour: _____
_____

Colour: _____
_____

Smell: _____
_____

Effects/Results: _____
_____
_____
_____

Extra Notes: _____
_____
_____

Cannabis Rating Journal

Date: _____

FINAL RATING: 1 2 3 4 5 6 7 8 9 10

Strain: _____
THC / CBD Levels: _____

Purchase Location: _____
_____

Amount Purchased: _____
Cost: _____

Method of Use: _____
Amount Used: _____
Frequency: _____
_____
_____
_____

Flavour: _____
_____

Colour: _____
_____

Smell: _____
_____

Effects/Results: _____
_____
_____

Extra Notes: _____
_____
_____

Cannabis Rating Journal

Date: _____

FINAL RATING: 1 2 3 4 5 6 7 8 9 10

Strain: _____
THC / CBD Levels: _____

Purchase Location: _____
_____
_____

Amount Purchased: _____
Cost: _____

Method of Use: _____
Amount Used: _____
Frequency: _____
_____
_____
_____

Flavour: _____
_____

Colour: _____
_____

Smell: _____
_____

Effects/Results: _____
_____
_____
_____

Extra Notes: _____
_____
_____

Cannabis Rating Journal

Date: _____

FINAL RATING: 1 2 3 4 5 6 7 8 9 10

Strain: _____
THC / CBD Levels: _____

Purchase Location: _____
_____

Amount Purchased: _____
Cost: _____

Method of Use: _____
Amount Used: _____
Frequency: _____
_____
_____
_____

Flavour: _____
_____

Colour: _____
_____

Smell: _____
_____

Effects/Results: _____
_____
_____
_____

Extra Notes: _____
_____
_____

Cannabis Rating Journal

Date: _____

FINAL RATING: 1 2 3 4 5 6 7 8 9 10

Strain: _____
THC / CBD Levels: _____

Purchase Location: _____
_____

Amount Purchased: _____
Cost: _____

Method of Use: _____
Amount Used: _____
Frequency: _____
_____
_____
_____

Flavour: _____

Colour: _____

Smell: _____

Effects/Results: _____
_____
_____

Extra Notes: _____
_____
_____

Cannabis Rating Journal

Date: _____

FINAL RATING: 1 2 3 4 5 6 7 8 9 10

Strain: _____
THC / CBD Levels: _____

Purchase Location: _____
_____

Amount Purchased: _____
Cost: _____

Method of Use: _____
Amount Used: _____
Frequency: _____
_____
_____
_____

Flavour: _____
_____

Colour: _____
_____

Smell: _____
_____

Effects/Results: _____
_____
_____

Extra Notes: _____
_____
_____

Cannabis Rating Journal

Date: _____

FINAL RATING: 1 2 3 4 5 6 7 8 9 10

Strain: _____
THC / CBD Levels: _____

Purchase Location: _____
_____

Amount Purchased: _____
Cost: _____

Method of Use: _____
Amount Used: _____
Frequency: _____
_____
_____
_____

Flavour: _____
_____

Colour: _____
_____

Smell: _____
_____

Effects/Results: _____
_____
_____
_____

Extra Notes: _____
_____
_____

Cannabis Rating Journal

Date: _____

FINAL RATING: 1 2 3 4 5 6 7 8 9 10

Strain: _____
THC / CBD Levels: _____

Purchase Location: _____
_____
_____

Amount Purchased: _____
Cost: _____

Method of Use: _____
Amount Used: _____
Frequency: _____
_____
_____
_____

Flavour: _____
_____

Colour: _____
_____

Smell: _____
_____

Effects/Results: _____
_____
_____

Extra Notes: _____
_____
_____